BEI GRIN MACHT SICH IHR WISSEN BEZAHLT

HF167819

- Wir veröffentlichen Ihre Hausarbeit, Bachelor- und Masterarbeit

- Ihr eigenes eBook und Buch - weltweit in allen wichtigen Shops

- Verdienen Sie an jedem Verkauf

Jetzt bei www.GRIN.com hochladen und kostenlos publizieren

Psychologie - Von der Antike bis zu sozialen Phänomenen in den sozialen Medien

Svea May

Bibliografische Information der Deutschen Nationalbibliothek:

Die Deutsche Nationalbibliothek verzeichnet diese Publikation in der Deutschen Nationalbibliografie; detaillierte bibliografische Daten sind im Internet über http://dnb.d-nb.de abrufbar.

ISBN: 9783346645739
Dieses Buch ist auch als E-Book erhältlich.

Druck und Bindung: Books on Demand GmbH, Norderstedt Germany
Gedruckt auf säurefreiem Papier aus verantwortungsvollen Quellen

Das vorliegende Werk wurde sorgfältig erarbeitet. Dennoch übernehmen Autoren und Verlag für die Richtigkeit von Angaben, Hinweisen, Links und Ratschlägen sowie eventuelle Druckfehler keine Haftung.

Das Buch bei GRIN: https://www.grin.com/document/1217467

Einsendeaufgabe

Einführung in die Psychologie

Alternative A

Studiengang: B. Sc. Psychologie

SRH Fernhochschule Riedlingen – The Mobile University

Inhaltsverzeichnis

Abkürzungsverzeichnis

Aufl.	Auflage
bspw.	beispielsweise
bzw.	beziehungsweise
ca.	circa
engl.	englisch
Hrsg.	Herausgeber
S.	Seite
sog.	sogenannte
u.a.	unter anderem
überarb.	überarbeitete
v. Chr.	vor Christus
Vgl.	Vergleiche
vollst.	vollständig
vs.	versus
z.B.	zum Beispiel

Abbildungsverzeichnis

Tabellenverzeichnis

Aufgabe A1

Unterkapitel 1.1 gibt einen Überblick auf die Zeit vor der Gründung des ersten psycho-
logischen Labor durch Wilhelm Wundt, während Unterkapitel 1.2 eine Definition seines
Forschungsansatz der experimentellen Psychologie beinhaltet und diese am Beispiel der
Introspektion mit den geisteswissenschaftlichen Methoden vergleicht.

1.1 Die Geschichte der Psychologie bis 1879

„Die Psychologie besitzt eine lange Vergangenheit, aber nur eine kurze Geschichte."
(Gerrig, 2018, S. 8). Dieses Zitat des Experimentalpsychologen Hermann Ebbinghaus
(1850–1909) fasst den geschichtlichen Verlauf der heutigen wissenschaftlichen Disziplin
des menschlichen Erleben und Verhalten, die trotz ihres Ursprungs vor über 2000 Jahren,
erst ca. 150 Jahre alt ist, nach wie vor treffend zusammen.

Die Wurzeln der Psychologie liegen demnach in der **Antike**. In dieser Zeit wurde erstmals
die Auseinandersetzung mit den mentalen Prozessen durch die Philosophen dokumentiert
und wissenschaftliches Arbeiten betrieben. Die Konservierung dieser Ansätze macht die
Verwendung der sog. *„Seelenkunde"* des griechischen Philosoph Aristoteles (384-322 v.
Chr.) z.B. in der Positiven Psychologie möglich (Vgl. Mühlfelder, 2017a).

Dies ist u.a. der arabischen Philosophie rund um die Denkschule Mu'tazila zu verdanken,
da diese seine Theorien z.B. durch den Philopsoh Ibn Rushd (bzw. *Averroes*, 1126–1198)
überarbeiten und bewahren ließen; während die Erkenntnisse im europäischen **Mittel-
alter** maximal als Erklärungsgrundlage für die Stellung der Kirche genutzt wurden, statt
das antike Wissen zu vertiefen (Vgl. Reuter, 2014).

Das änderte sich erst mit der **Renaissance,** als der christliche Gelehrte Thomas von Aquin
(1225–1274) versuchte, Aristoteles bzw. Averroes Hypothesen mit den Ansichten der
Kirche in Einklang zu bringen (Vgl. Reuter, 2014). Seine Auslegungen der untrennbaren
Einheit zwischen Körper und Seele ab der Zeugung, bilden nach wie vor die Grundlage
der theologischen Argumentation rund um moralische Diskussionen, z.B. zum Thema der
pränatalen Forschung (Vgl. Mühlfelder, 2017a).

Der Franziskaner Johannes Duns Scotus (um 1266–1308) konzentrierte sich auf die
Selbstbestimmung und Vernunft des Menschen und stellte diese dem schöpferischen,
göttlichen Willen gegenüber. Auf dieser These fußte die **Reformation** Martin Luthers

(1483–1546), der damit nicht nur das Christentum teilte, sondern auch jeder Person das Recht zusprach, frei und individuell zu denken und zu handeln (Vgl. Reuter, 2014).

Fast 100 Jahre später stand eine weitere Abspaltung an: der Philosoph René Descartes (1596–1650) widersprach mit seinem sog. *„kartesianischem Dualismus"* der Theorie Aquins und „trennte" Leib und Seele in körperliche und geistige Substanzen, die sich gegenseitig beeinflussen. Außerdem glaubte er, dass der Körper nach den Gesetzten der Physik und Physiologie mechanisch betrieben wird (Vgl. Reuter, 2014).

In der **Romantik** kehrte das Interesse an den inneren Vorgängen zurück, was sich noch heute an den kreativen Künsten der Zeit bemerkbar macht. So erkannte der Schriftsteller Heinrich von Kleist (1777–1811) z.b., dass sich Gedanken, wenn sie laut ausgesprochen werden, verändern und teilte diese Beobachtungen in seinem Werk *„ Über die allmähliche Verfertigung der Gedanken beim Reden"* (Vgl. Reuter, 2014).

Durch die industrielle Revolution im **19. Jahrhundert** verstärkte sich der Fokus auf die Naturwissenschaften und Gustav Theodor Fechner (1801–1887) entwickelte die **Psychophysik**. Sein Anspruch war, Empfindungen mathematisch auszudrücken, was ihm mit dem sog. *„Weber-Fechner-Gesetz"*, einem Logarithmus zur Berechnung des Zusammenhangs zwischen einem Reizanstieg und der bewussten Wahrnehmung dieser Intensivierung, gelang (Vgl. Mühlfelder, 2017a).

Wenig später begründete der Arzt und Physiologe **Wilhelm Wundt** (1832–1920) im Jahr 1879 durch die Einrichtung des ersten psychologischen Labors an der Universität Leipzig zum einen die experimentelle, aber aus heutiger Sicht auch die moderne Psychologie, die sich wenig später als eigene Disziplin etablierte (Vgl. Reuter, 2014).

Im Verlauf seines Lebens gab er sein Wissen mittels seiner Lehrtätigkeit weiter und seine Schüler entwickelten daraus in ihren sog. Denkschulen neue Fachrichtungen. Dadurch wuchs die Psychologie rasant und nur wenige Jahre nach der Gründung des (ehemals privaten) psychologischen Labors entstanden rund um den Globus weitere, wie z.B. das erste Nordamerikas 1883 an der Johns Hopkins University (Vgl. Gerrig, 2018).

Wilhelm Wundts Beitrag für die Psychologie geht demnach über die Etablierung der eigenständigen Wissenschaft hinaus: durch den **Forschungsansatz** der experimentellen Psychologie gab er zum einen eine Richtung vor, die eine akademische Beschäftigung mit den psychischen Phänomenen erlaubte, zudem legte er erste Gütekriterien fest, um die Qualität der Ergebnisse zu gewährleisten (Vgl. Mühlfelder, 2017a).

1.2 Vergleich der damals vorherrschenden Forschungsansätze

Die Entwicklung der modernen Psychologie war ein langer Prozess, mit wechselseitiger Beeinflussung durch die Theologie und Philosophie. Obwohl sie auf unterschiedlichen Denkweisen basieren (Glaube vs. Vernunft), haben beide zum Ziel, allgemeingültige Regeln über die inneren Vorgänge des Menschen zu erstellen (Vgl. Reuter, 2014).

Schon Aristoteles begriff, dass man bei der Beschäftigung mit den inneren Vorgängen nicht bloß den naturwissenschaftlichen Konzepten folgen, sondern weitere Ansätze miteinbeziehen musste (Vgl. Mühlfelder, 2017a). Auch die Begründung als eigenständige Disziplin hat daran nichts geändert – wie Abbildung 1 zeigt. Die Psychologie besteht noch immer aus der Schnittmenge der geisteswissenschaftlichen, naturwissenschaftlichen und sozialwissenschaftlichen Perspektiven.

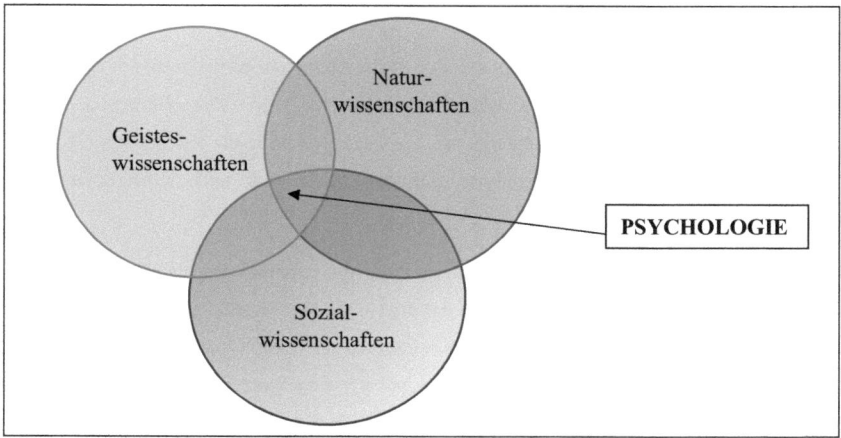

Abbildung 1: Beeinflussung der Psychologie durch Sozial-, Natur- und Geisteswissenschaften
(Quelle: Eigene Darstellung in Anlehnung an Mühlfelder, 2017b)

Der Ansatz der **Sozialwissenschaften** konzentriert sich auf das menschliche Verhalten im gesellschaftlichen Miteinander und unterscheidet dabei zwischen den verschiedenen Ebenen (sog. Makro-, Meso- und Mikroebene). Außerdem bezieht er unterschiedliche Lebensbereiche ein, die das Individuum beeinflussen könnten, wie z.B. Kultur, Familie oder eine direkte Bezugsperson (Vgl. Mühlfelder, 2017b).

Die **geisteswissenschaftlichen Methoden** befassen sich mit sittlichen Fragestellungen, z.B. welche Strafe bei einem Verbrechen unter Drogeneinfluss angemessen ist, sowie

Prozessen rund um das menschliche Erleben und Verhalten (Vgl. Mühlfelder, 2017b). Der Ansatz wurde etabliert von Wilhelm Dilthey (1833 –1911), der glaubte, dass innere Vorgänge nicht mit Experimenten gemessen werden konnten (Vgl. Großes Wörterbuch Psychologie, 2005).

Stattdessen empfahl er zur Analysierung dieser Empfindungen die **Introspektion**. Diese antike Methode wurde im 17. Jahrhundert überarbeitet, um nach wissenschaftlichen Regeln zu gezielten, mentalen Berichten über die individuellen Wahrnehmungen und inneren Vorgänge zu gelangen (Vgl. Gazzaniga, Hearterton, & Halpern, 2017).

Im Gegensatz dazu standen **die naturwissenschaftlichen Ansätze**, die ab dem Jahr 1879 in der **experimentellen Psychologie** nach Wilhelm Wundt ihren Ausdruck fanden. Diese ist kein Teilgebiet der Psychologie, sondern die naturwissenschaftliche Art und Weise, psychische Phänomene mit Experimenten exakt zu beobachten, wie z.B. Wundts Versuch zur Erfassung der Zeitspanne, die zwischen einem Vorgang, wie einem Ton, und einer bewusst daraus resultierenden Reaktion, vergeht (Vgl. Dorsch, 2014).

Jene Forschung sollten einem gewissen Standard genügen: Sie mussten nicht nur logisch sein, sondern auch mögliche Störfaktoren von außen eliminieren, was der heutigen internen Validität entspricht. Des Weiteren wurde die Vorgehensweise protokolliert, um Forschungsweg einerseits nachzuvollziehen aber auch wiederholen zu können (Vgl. Mühlfelder, 2017a).

Doch auch Wilhelm Wundt griff auf die Introspektion als Methode zurück – allerdings nur als Erweiterung, wenn die Physiologie als Grundlage nicht ausreichte. Dies war z.B. der Fall bei der oben bereits erwähnten sog. *Reaktionszeitmessung*. Während die Zeit bis zur gewünschten Reaktion gestoppt werden konnte, bleiben die inneren Prozesse wie z.B. das bewusste Hören des Tons, für die Messinstrumente verborgen (Vgl. Gazzaniga et al., 2017).

Einer seiner Schüler, Edward Bradford Thitchener (1867–1927), verwendete den sog. *„Strukturalismus"* nach dem französischen Sprachwissenschaftler Ferdinand de Saussure (1857–1913), der die zu erforschenden Aspekte zum besseren Verständnis in deren Einzelteile (bzw. Struktur) aufschlüsselte. Außerdem nutzte auch er die Introspektion und versuchte, anhand der detaillierten Berichte seiner Probanden einen Zusammenhang zwischen einem Reiz, wie ein musikalischer Ton, und dessen Güte herzustellen (Vgl. Gazzaniga et al., 2017).

Thitchener blieb seinen Annahmen, trotz Wundts Ablehnung, bis zum Tod treu. Wundts Bemängelungen basierten auf den neuen Erkenntnissen der Frankfurter bzw. Berliner Schule, die mit der sog. „*Gestaltpsychologie*" bewiesen, dass Wahrnehmung nicht passiv stattfindet, sondern vom Gehirn mitgesteuert und beeinflusst wird. Dies trug dazu bei, dass die individuelle Interpretation der inneren Beobachtungen an Allgemeingültigkeit verlor. Ferner gilt auch hier die Veränderung der Gedanken durch ihre Verbalisierung, wie schon Heinrich von Kleist geschrieben hatte. Auf Basis dieser Grundlage wird die Introspektion auch aktuell selten als Forschungsmethode genutzt (Vgl. Gazzaniga et al., 2017).

Aufgabe A2

Unterkapitel 2.1 beschreibt den weiteren Verlauf der Geschichte der Psychologie bis in die 1960er/70er Jahre und definiert die „kognitive Wende", sowie deren Einfluss auf den weiteren historischen Verlauf. Unterkapitel 2.2 zeigt die Grenzen der reinen Fokussierung auf Denkvorgänge bzw. welchen Einfluss emotionale und motivationale Prozesse haben.

2.1 Die Geschichte der Psychologie bis in die 1960er/70er Jahre

Die kognitive Wende war eine Rückkehr auf die Ursprungsfragen der Psychologie, die bereits in der Antike bzw. 1879 gestellt wurden. Nach der Gründung etablierten sich verschiedene Prinzipien, die die Weiterentwicklung der Psychologie beeinflussten und sie in unterschiedliche Richtungen zogen, die ca. 100 Jahre später eine Rückbesinnung erforderlich machten.

Unterkapitel 1.2 zeigte bereits die Etablierung des **Strukturalismus** rund um Thitchener, der sich auf die einzelnen Bestandteile einer Erfahrung bezog. Davon grenzte sich die oben erwähnte „Gestaltpsychologie" von Max Wertheimer (1880–1943) ab, die im Rahmen der sog. „Gestalttheorie" verschiedene Wahrnehmungsweisen aufzeigte, die nur als Ganzes statt einzeln betrachtet werden konnten (Vgl. Gazzaniga et al., 2017).

Ein weiterer Kritiker des Strukturalismus war der US-amerikanische Psychologe William James (1842–1920). Er schaffte mit seiner Denkrichtung – dem sog. **Funktionalismus** – eine Gegenbewegung mit dem Ziel, die Hintergründe der Funktionen des Bewusstseins zu verstehen (Vgl. Gerrig, 2018).

Die moderne Wissenschaft stand erst an ihrem Anfang und vieles, was heute erwiesen ist, musste noch erarbeitet werden. Ein Vorbereiter dieser Zeit war Sigmund Freud (1856–1939). Seine **Psychoanalyse**, eine Therapiemethode zur Aufarbeitung von intuitiven Kontroversen, hatte damals großen Einfluss, auch wenn seine Arbeiten heute nicht mehr als wissenschaftlich anerkannt gelten (Vgl. Gazzaniga et al., 2017).

Gegen Ende des 1. Weltkrieg, (1914–1918), geriet vor allem die sog. **Psychotechnik** in das Militärinteresse. Durch die Selektierung gewisser persönlicher Fähigkeiten, wurden erste psychologische Tests generiert, um passende bzw. unpassende Offiziersanwärter in der Armee zu finden – vergleichbar mit heutigen beruflichen Qualifikationsverfahren (Vgl. Mühlfelder, 2017a).

1913 gründete John B. Watson (1878-1958) in Amerika den **Behaviorismus** und lehnte damit alle Wissenschaften und Methoden ab, die sich nicht auf direkt beobachtbare Vorgänge stützten. Sowohl er, als auch der bekannteste Anhänger, Burrhus F. Skinner (1904–1990), vertraten die Ansicht, dass Aktionen und Interaktionen nur erlernte Reaktionen auf Umweltreize waren, was sie mittels Tierversuche zeigten. Erwünschtes Verhalten ist dressierbar, wenn dieses Tun im Versuchsverlauf mit etwas Positivem, wie z.B. Futter, verknüpft wurde (Vgl. Gazzaniga et al., 2017).

Die Zeit um den **2. Weltkrieg** (1939–1945) warf die deutsche Psychologie erneut zurück, da viele wegweisende Forscher/innen vor dem Regime der Nationalsozialisten u.a. nach Amerika fliehen mussten. Aus diesem Grund haben viele Konzepte dort ihren Ursprung, wie z.B. die klientenzentrierte Gesprächspsychotherapie rund um Charlotte Bühler (1893 –1974), der Mitbegründerin der humanistischen Psychologie (Vgl. Gerrig, 2018).

Weitere Begründer der **humanistischen Psychologie** in den 1950er Jahren waren Carl Roggers (1902–1987) und Abraham Maslow (1908–1970). Sie galt als Alternative zum Behaviorismus, da der Ansatz weder experimentell noch auf innere Kräfte ausgelegt war, sondern sich auf die Individualität des Einzelnen, unter Berücksichtigung der kulturellen und sozialen Einflüsse konzentrierte (Vgl. Gerrig, 2018).

Etwa ab der zweiten Hälfte des 20. Jahrhunderts wurden die behavioristischen Ansätze immer mehr kritisiert. Neue Erkenntnisse zeigten die Grenzen des Behaviorismus auf, der die Bedeutsamkeit der geistigen Vorgänge zu ignorieren versuchte. Viele Psychologen wie z.B. George A. Miller (1920–2012) oder Ulric Neisser (1928–2012) leiteten daraufhin ein Umdenken ein (Vgl. Gazzaniga et al., 2017).

Dadurch gerieten die psychologischen Ursprungsfragen um Informationsverarbeitung, Wahrnehmung und Gedächtnis wieder in den Fokus, die zuvor noch von den Anhängern des Behaviorismus in den Hintergrund gedrängt worden waren (Vgl. Mühlfelder, 2017a).

Die Ära der 1960er/70er Jahre ging als **kognitive Wende** in die (Literatur-)Geschichte ein. Namensgebend dafür war die Etablierung der kognitiven Wissenschaften, die von Philosophie, Informatik bzw. Künstlicher Intelligenz (KI), Sprachwissenschaften, Neurobiologie sowie der kognitiven Psychologie beeinflusst wurden. Forschungsthemen der **kognitiven Psychologie** sind noch immer die mentalen Prozesse und Strukturen, die ein bestimmtes Verhalten nach sich ziehen wie z.b. die Verwendung von Sprache, die Urteilsfindung oder das Treffen von Entscheidung (Vgl. Gerrig, 2018).

Ziel der Kognitionspsychologen ist, diese Gedächtnisprozesse in einzelne Schrittabfolgen einzuteilen und daraus verallgemeinerbare Theorien abzuleiten. Dazu greifen sie u.a. auf simple Experimente zurück, die eine feste, gedankliche Abfolge verlangen, wie z.b. die sog. „*Turm von Hanoi*"-Aufgabe, bei der drei oder mehr Scheiben nach bestimmten Regeln umgesteckt werden sollen (Vgl. Mühlfelder, 2017a).

Seit dieser Kehrtwendung wurde die Definition der Psychologie als Wissenschaft vom Verhalten um die geistigen Vorgänge erweitert. Damit schlägt sie die Brücke zwischen dem beobachtbaren Verhalten, dem Erbe der Behavioristen, sowie den mentalen Prozessen, womit sie unterschiedliche Denkweisen zu einer wissenschaftlichen Disziplin vereint (Vgl. Myers, 2014).

Heute wird die Psychologie auch als Wissenschaft des menschlichen Erlebens und Verhalten definiert (Vgl. Mühlfelder, 2017a). Die erneute Änderung des Beinamens zeigt, dass die Reduktion auf die mentalen Prozesse nicht ausreichte, um die inneren Vorgänge exakt zu beschreiben. Die Grenzen der Kognition wurden deutlich und erforderten die Integration von weiteren Komponenten, die das Wirken des Menschen nachhaltig prägen.

2.2 Die Grenzen der primären Beschäftigung mit kognitiven Prozessen

Durch die Etablierung der kognitiven Wissenschaften als Teilgebiet der allgemeinen Psychologie nach der kognitiven Wende in den 1960er/70er Jahren, verlagerte sich die Forschung auf den kognitionspsychologischen Ansatz, der sich auf die Sichtbarmachung der Denkprozesse stützt. Eine große Hilfe war dabei die Erfindung der Computer, die Simulationen von Prozessen und Prognosen möglich machen (Vgl. Mühlfelder, 2017b).

Allerdings basiert die Forschung hauptsächlich auf neurowissenschaftlichen Methoden, die z.B. mittels Messung des Sauerstoffgehalts im Blut eine Verbindung zwischen der Aktivität eines bestimmten Gehirnareals und einer Handlung herstellen. Diese sind z.B. die funktionelle oder strukturelle Magnetresonanztomografie (fMRT/sMRT) und die sog. PET bzw. Positronenemissionstomografie (Vgl. Mühlfeder, 2017a).

Zur Zeit des Behaviorismus galt die Annahme, dass Reaktionen angeborene Schemata waren, ausgelöst durch Umweltgegebenheiten. Seit der kognitiven Wende gilt nun das

Reiz-Verarbeitung-Reaktionsprinzip, bei dem ein äußerer Reiz, erfasst und zum inneren Reiz verarbeitet wird, damit daraus eine Handlung entstehen kann, wie Abbildung 2 zeigt.

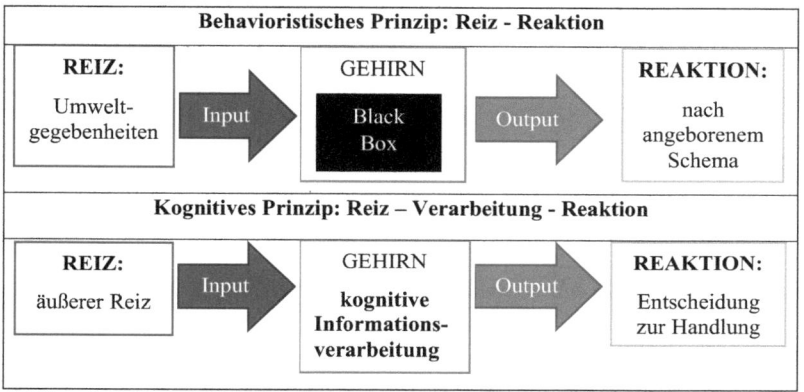

Abbildung 2:   Der Informationsverarbeitungsprozess im Vergleich
(Quelle: Eigene Darstellung in Anlehnung an Technische Universität Dresden, 2015)

Der Kognitivismus beruft sich mit dem Input-Output-Prinzip auf die Prozesse der Computertechnik und vergleicht das Gehirn mit einem Prozessor. Informationen, die empfangen werden, nennt man „Input" (engl. für Einnahme). Der mentale Denkapparat bearbeitet den Stimulus intern, damit der sog. „Output" (engl. für Ausgabe) erfolgen kann. Auf der gleichen Basis läuft auch der Problemlösungsprozess ab: Eine Aufgabe wird wahrgenommen, verarbeitet und mit bereits vorhandenem Wissen verglichen. Dazu erinnert sich das Gehirn entweder an vergangene Erfahrungen oder generiert neues Wissen (Vgl. Reuthner, 2002).

Allerdings liegen dort die Grenzen: eine reine Fokussierung auf die Denkprozesse bzw. die mechanische Verarbeitung von Informationen, die mehr einem Roboter als einem fühlenden Individuum entspricht, kann keine exakte Vorhersagen treffen, solange motivationale und emotionale Prozesse vernachlässigt werden. Der Alltag läuft nicht nach einem festen Muster ab, sondern beinhaltet komplexen Problemstellungen, die sich häufig nicht durch ein Reiz-(Verarbeitung)-Reaktions-Schema lösen lassen, sondern die Berücksichtigung weiterer Faktoren erfordern (Vgl. Reuthner, 2002).

Diese sind Motivation bzw. Emotion und kommen bei sozialen Interaktionen zum Einsatz – Tabelle 1 gibt einen kurzen Überblick über die jeweiligen Eigenschaften:

	Emotion (Zustand)	Motivation (Impuls)
Basis:	auf einem tatsächlichen Zustand	auf einem Zielwert
Biologisch:	Körperliche Erregung (z.B. erhöhte Herzfrequenz)	Körperliche Grundbedürfnisse (Hunger, Durst)
Kognitiv:	Individuelle Interpretation und Gefühlsbenennung („Trauer")	Streben nach Leistung / Zielen; Wunsch nach Verbesserung
Sozial:	Ausdruck (Mimik, Gesten oder Körpersprache)	Wettbewerb / Anerkennung von anderen
Prozess:	Leitet Handlungen ein, um z.B. das Überleben zu sichern.	Leitet Handlungen ein, um ein Ziel zu erreichen.

Tabelle 1:   Kurzsteckbrief Emotion und Motivation
(Quelle: Eigene Darstellung nach Gerrig, 2018)

Motivation entsteht somit aus einem leiblichen Grundbedürfnis, einem sog. Trieb heraus, wie z.B. Durst oder dem körperlichen Hang zur Homöostase. Auch der Wunsch nach Veränderung kann motivierend sein, wenn z.B. das Vorhaben leicht umzusetzen ist, oder die Umgebung diesen Plan anregt. Neben realistischen Absichten ist auch die Erwartung eines positiven Effekts notwendig, um das erhoffte Ziel zu erreichen (Vgl. Gerrig, 2018).

Emotionen steuern vitale Funktionen zur Selbst- bzw. Arterhaltung und stehen im Austausch mit dem zentralen und peripheren Nervensystem. Außerdem fließen sie direkt in die Amygdala, auch Mandelkerne genannt, die als „emotionales Gehirn" gilt. Dieser Effekt lässt sich z.B. beobachten, wenn man aus dem Augenwinkel eine „Gefahr" wahrnimmt und sofort eine „Flucht"-Reaktion eingeleitet wird, bevor das Blatt als Blatt und nicht als Spinne identifiziert werden kann (Vgl. Gazzaniga et al., 2017).

Die Amygdala zählt zum älteren Teil des Gehirns, daher handelt es sich dabei um ein Erbe aus der Vorzeit, als die Triebe „Flucht" oder „Kampf" das Überleben sicherten. Heute unterscheidet man außerdem zwischen Emotionen, einer komplexen Reaktion auf ein bestimmtes Ereignis, und Stimmungen, einem aktuellen Gefühl, wie z.B. „fröhlich" oder „traurig" (Vgl. Gerrig, 2018).

Der Informationsverarbeitungsprozess wird im Teil des Bewertungsprozess demnach um eine Komponente erweitert, die entscheidet, ob sich die Folgen der Handlung sinnvoll lohnen oder von Bedeutung für das Individuum sind (Vgl. Reuthner, 2002). Daher treffen die Vorhersagen von reinen kognitiven Prozessen nicht immer zu, weil die persönlichen Komponenten vernachlässigt wurden.

Aufgabe A3

Unterkapitel 3.1 listet die gegenwärtigen Gegenstände und Tendenzen auf, die die Evolution der Psychologie als angewandte Sozialwissenschaft beeinflussen, während Unterkapitel 3.2 am Beispiel der sozialen Medien zeigt, welche gesellschaftlichen Phänomene die Psychologie zurzeit beschäftigen.

3.1 Beeinflussung der Psychologie durch aktuelle Themen und Trends

Die heutige moderne Psychologie hat sich im Laufe der Geschichte konstant neu erfunden und an die jeweiligen Gegebenheiten angepasst. Selbst ca. 150 Jahre nach ihrer Gründung hat sich diese Tatsache nicht geändert und auch in Zukunft werden die angewandten Sozialwissenschaften stets auf die notwendigen Bedürfnisse der Menschen eingehen.

Ein weltweites Thema, das auf die Unterstützung der Psychologie setzt, ist die globale Erwärmung bzw. der **Klimawandel**. Im Sonderbericht des „Intergovernmental Panel on Climate Change (IPCC)" von 2018 wurde auf die Notwenigkeit von Psychologie bzw. psychologischen Ansätzen zu einem nachhaltigeren und bewussteren Leben hingewiesen. Dabei berufen sich die daran forschenden Umwelt- und Sozialpsychologen u.a. auf die sog. Selbstwirksamkeitserwartung. Wie es der Name bereits vorweg nimmt, erwartet man von den Taten, die man selbst ausführen kann, eine bestimmte Wirksamkeit. Das bedeutet, dass das Wissen um ein Problem, nicht als (psychologischer) Ansporn zu einer Veränderung ausreicht (Vgl. Dorsch, 2014).

Nicht nur der Klimawandel wird durch Naturkatastrophen, Hungersnöte, extremes Arten-sterben oder der Zerstörung von Lebensräumen, wie z.B. dem Regenwald, **Migration** unterstützen; auch politische Gründe, wie z.B. Unterdrückung oder Verfolgung, staatliche Unruhen sowie Kriege und Krisen, werden darauf Einfluss nehmen und soziale oder religiöse Minderheiten zur **Flucht** zwingen (Vgl. Mühlfelder, 2017a).

Bei der Eingliederung kommt auch die Psychologie zum Einsatz: z.B. die pädagogische Psychologie zur Integration verschiedener Sprachen und Mentalitäten im Kindergarten oder der (Grund-)Schule, sowie zur Traumabewältigung in Folge der Fluchterlebnisse bei Kindern und Jugendlichen. Die Psychologie dient demnach auch zur Lösung von

Auseinandersetzungen innerhalb der Zivilisationen, sowie übergreifend z.B. bei der **Globalisierung** (Vgl. Mühlfelder, 2017a).

Auch wenn internationale Grenzen mittlerweile mehr symbolischen Charakter haben, müssen trotz allem die gesellschaftlichen und kulturellen Unterschiede berücksichtigt werden. Wie z.b. bei Geschäftsbeziehungen mit asiatischen Ländern, die viel Wert auf Geschenke, Höflichkeitsfloskeln, oder ihre jahrhundertealte Tradition legen.

Ein weiteres Forschungsthema der Psychologie sind **Gruppen**: deren Strukturen und Persönlichkeiten, die Menschen innerhalb dieser Gefüge annehmen (Vgl. Mühlfelder, 2017a). Die Erkenntnisse dieser Forschung werden immer relevanter, z.b. um den sog. *„Bandwagon Effect"* (engl. für Mitläufereffekt) zu erklären (Vgl. Weber & Knorr, 2020)

Die Gesellschaft wird in Folge des sog. **„demografischen Wandels"** immer älter, was eine Anpassung der Lebens- und Arbeitsumstände erforderlich machen wird. Neben einer Erhöhung des Renteneintrittsalters werden auch viele Menschen länger als schon jetzt erwerbstätig sein (müssen) und wollen sich aus diesen Gründen die Gesundheit von Leib und Seele erhalten (Vgl. Mühlfelder, 2017a).

Die Psychologie als angewandte Sozialwissenschaft profitiert davon, dass die Themen rund um das eigene Wohlbefinden, von Krankheitsvorbeugung bis Therapiemaßnahmen immer mehr in den Fokus geraten. Die **medizinischen Behandlungsmethoden** berufen sich auf psychologische Erkenntnisse, bspw. kann das Wissen aus der Arbeits- und Organisationspsychologie z.B. zur Vorbeugung von stressbedingten Beschwerden, wie z.B. „Burn-Out" oder für bessere Voraussetzung zur Umsetzung einer ausgewogenen sog. *„Work-Life-Balance"* genutzt werden (Vgl. Mühlfelder, 2017a).

Dabei kann der technische Fortschritt im Rahmen der sog. **„Digitalisierung"** vorteilhaft sein, wenn es z.B. um effizientere Lösungen oder Arbeitsschritte geht, die teilweise von Computersystemen übernommen werden können. Diese Weiterentwicklung erfordert allerdings einen ständigen Adaptionsprozess (Vgl. Mühlfelder, 2017a).

Das gilt ebenso für die Pädagogische Psychologie. Sie wird sich immer mehr an die sozialen Medien anpassen müssen. Schon jetzt sind Tablets nicht mehr aus dem Unterricht wegzudenken und ihre Einsatzmöglichkeiten werden sich in Zukunft erhöhen (Vgl. Mühlfelder, 2017a).

Durch die Digitalisierung entwickelt sich das soziale Miteinander ebenfalls weiter. Zum einen ist es dank der Digitalisierung möglich, über Ländergrenzen hinweg Kontakt zu halten, zeitgleich vereinsamen die Menschen jedoch immer mehr oder entwickeln Krankheiten, die im Zusammenhang mit der Digitalisierung und den sozialen Medien stehen, wie z.B. die „**Facebook-Depression**". (Vgl. Brunet & Scherr, 2016)

Durch die ständige Berieselung von den Bildern aus den makellosen Leben der anderen im sog. „*Newsfeed*" entstehen Neid- sowie Versagensgefühle. Der Effekt setzt auch ein, wenn man selbst ein Foto hochlädt, dass nur wenig Beachtung – in Form von sog. „*Likes*" – bekommt. Gesellschaftliche Akzeptanz ist ein Urbedürfnis des Menschen und jeder „Daumen hoch" in der virtuellen Welt gaukelt „echte" Sympathie im wahren Leben vor (Vgl. Brunet & Scherr, 2016).

Weitere Internet-Phänomene, die die Gesellschaft nachhaltig beeinflussen sind das sog. „*Cyber-Mobbing*", genauso wie neuartige Probleme, wie die sog. „**Fake-News**", die sogar die Präsidentschaftswahlen in den USA 2016 beeinflussen konnten und immer wieder Verschwörungstheorien anheizen. Wie die Psychologie mit diesen Mythen umgeht, diese erklärt, beschreibt und sie zu lösen sucht, zeigt Kapitel 3.2.

3.2 Soziale Phänomene in den sozialen Medien

Die sozialen Medien sind aus dem Alltag nicht mehr weg zu denken: Ob zur Kontakt-pflege mit Urlaubsbekanntschaften oder Kommilitonen, als Verbindung zur Heimat für weitverstreut lebende Familien, oder zur Vermittlung von Partnerschaften – die Gründe und Nutzen für die sozialen Medien wie Facebook, Twitter oder Instagram sind divers.

Doch auch die Nachteile sind facettenreich. Durch die Imitation einer vermeintlichen „perfekte" Welt, die z.T. mit retuschierten Bildern vorgegaukelt wird, können seelische Erkrankungen, wie die oben erwähnte sog. „*Facebook-Depression*" entstehen (Vgl. Brunet & Scherr, 2016). Des Weiteren begünstigen sie die Entstehung von **sozialen Phänomenen**, die plötzlich erscheinen und auf das gesellschaftliche Miteinander ein-wirken, sich jedoch psychologisch beschreiben und erklären lassen (Vgl. Dorsch, 2014).

Ein Beispiel dafür sind **Verschwörungstheorien**. Sie sind keine neuartige Erfindung, erleben aber Dank der sozialen Plattformen eine neue Blütezeit und nutzen diese als Massenmedium: was früher nur per Zeitungsannonce oder Fernsehbeitrag gelang, ist jetzt für jeden Einzelnen nur ein Klick entfernt. Jeder kann ungefiltert die bereits oben erwähnten sog. „*Fake News*" – bzw. Falschmeldungen – in Umlauf bringen, um z.B. zu provozieren, zu profitieren oder um politische Absichten zu verfolgen (Vgl. Appel & Doser, 2020).

Zwar arbeiten einzelne Unternehmen aus dem Silicon-Valley wie z.B. Facebook daran, diese gezielt zu erkennen, doch durch den Einsatz von sog. *„Fake-Accounts"*, die von Menschen oder den sog. *„Social Bots"* – Computeralgorithmen – gesteuert werden, um diese Beiträge im Eiltempo verbreiten, wird das absichtlich erschwert (Vgl. Neis & Mara, 2020)

Verschwörungstheorien entstehen in Abhängigkeit mit einschneidenden Ereignissen. Da sie auf einem Schema basieren, gaukeln sie den Anhängern eine vermeintliche Struktur und somit ein gewisses Maß an Sicherheit und Kontrolle vor, dass ihnen eine chaotische Welt nehmen will. Außerdem profitiert jemand von diesen Ereignissen, z.B. soll ein Skandal vertuscht werden (Vgl. Lewandowsky & Cook, 2020)

Neben Profit dreht sich auch einiges um Macht. Durch ein Gefühl der Ohnmacht bzw. Machtlosigkeit entstehen diese Mythen, oder durch Angst und Unverständnis. Wer an eine Verschwörungstheorien glaubt, ist zudem weiteren nicht abgeneigt und denkt z.B. bei plötzlichen Todesfällen von Berühmtheiten wie bei Michael Jackson oder dem Autounfall von Lady Diana Spencer nicht an einen Zufall (Vgl. Wagner-Egger, 2020).

Selbst die aktuelle Covid-19-Pandemie ist nicht von Verschwörungstheorien verschont geblieben. Neben der objektiven Berichterstattung im Radio oder Fernsehen, wurden darüber hinaus in den sozialen Medien fragwürdige Beiträge dazu geteilt, die oft auf dem üblichen Prinzip basierten: Jemand hat das Virus erschaffen, um dadurch einen Vorteil zu erreichen (Vgl. Offizielle Website der Europäische Kommission, 2020).

Ein psychologisches Phänomen, das dabei zum Tragen kommt, ist die sog. *„selektive Wahrnehmung"*. Dabei konzentriert sich die Erfassung bewusst auf die Dinge, an die man glaubt und man „sieht" demnach nur unterstützende „Beweise" bzw. blendet negative Fakten einfach aus. Anhand des YouTube-Video „Did you see the gorilla?" kann dieser Effekt z.B. beobachtet werden (Vgl. Dohmen, 2020).

Verschwörungstheorien sind keineswegs harmlos, sie können das soziale Miteinander schädigen, wenn sie z.B. das Vertrauen in öffentliche Organisationen beeinträchtigen und wissenschaftlichen Theorien aus Bequemlichkeit ablehnen, um keine Aktionen zum Klimaschutz unterstützen zu müssen. Weitere negative Folgen sind die Bildung von meist rassistisch-motivierten Sündenböcken, und die Gefahr der Rückkehr von vormals eingedämmten Krankheiten, weil Impfgegner durch ihre Weigerung die Gesundheit aller bzw. die Herdenimmunität gefährden (Vgl. Appel & Mehretab, 2020).

Um einen Verschwörungsmythos als solchen zu identifizieren, hilft die Orientierung an den kategorisierenden Merkmalen – siehe Abbildung 2. Die Beschreibung bildet das Akronym CONSPIR – in Anlehnung an „conspiration" (engl. = Verschwörung).

C	O	N	S	P	I	R
"Contradictory"	"Overriding suspicion"	"Nefarious Intent"	"Something must be wrong"	"Persecuted Victim"	"Immune to Evidence"	"Re-Interpreting Randomness"
Gegensätzlich	Dringender Verdacht	Arglistige Absichten	Das kann kein Zufall sein	Opfer-mentalität	Ignoranz von Beweisen	Zufälle neu interpretieren

Abbildung 3:   Merkmale für Konspiratives Denken – CONSPIR
(Quelle: Eigene Darstellung in Anlehnung an Lewandowsky & Cook (2020). The Conspiration Theory Handbook. S. 6)

Neben Verschwörungstheorien gibt es zudem echte Verschwörungen. Diese basieren auf Fakten statt Vermutungen und werden daher sehr oft veröffentlicht. Der Diesel-skandal um den Automobilhersteller Volkswagen wurde z.B. durch Hinweisgeber und Beweise und nicht zufällig aufgedeckt. Bis die sozialen Medien gelernt haben, diese absichtlich gestreuten falschen Berichte zu blockieren, bleibt z.B. nur der kritische Rationalismus, um verschwörerische Denkweisen zu entlarven – siehe dazu Tabelle 2.

Kritische Denkweise	Verschwörerische Denkweise
Gesunder Rationalismus bzw. Skepsis, Prüfung der Quellen	Anhänger verdächtigen prinzipiell alles und jeden
Basiert auf Beweisen	Beweise werden vernachlässigt
Ohne Widersprüche	widersprüchlich
Deckt tatsächliche Verschwörung auf	Vermutet überall Verschwörungen

Tabelle 2:   Kritische Denkweisen versus Verschwörerische Denkweisen
(Quelle: Eigene Darstellung)

Zusammenfassend lässt sich sagen, dass die Konfrontation mit Verschwörungstheorien in den sozialen Medien weiter zunehmen wird. Allerdings befasst sich die Psychologie aktuell mit diesen Themen, sowie den Auswirkungen und Lösungen. Eine kritische, hinterfragende Denkweise macht sich dabei bezahlt, sowie die Überprüfung der Quellen und die neutrale, rationale Bewertung der Inhalte.

Literaturverzeichnis

Appel, M., & Doser, N. (2020). *Die Psychologie des Postfaktischen. Über Fake News, "Lügenpresse", Clickbait und Co. Kapitel 2 - Fake News.* (M. Appel, Hrsg.) Berlin: Springer. doi:https://doi.org/10.1007/978-3-662-58695-2

Appel, M., & Mehretab, S. (2020). *Die Psychologie des Postfaktischen. Über Fake News, "Lügenpresse", Clickbait und Co. Kapitel 11 - Verschwörungstheorien.* Berlin: Springer. doi:https://doi.org/10.1007/978-3-662-58695-2

Brunet, A., & Scherr, S. (2016). *Facebook-Nutzung in Abhängigkeit depressiver Tendenzen.*

Dohmen, I. (2020). *Fachinformation_Verschwoerungstheorien.pdf*

Dorsch. (2014). *Lexikon der Psychologie* (Bd. 17. vollst. überarb. Aufl.). (M. A. Wirtz, Hrsg.) Bern (Schweiz): Hans Huber Verlag.

Gazzaniga, M., Hearterton, T., & Halpern, D. (2017). *Psychologie.* Weinheim: Beltz.

Gerrig, R. J. (2018). *Psychologie. Historische Grundlagen der Psychologie* (Bd. 21. aktualisierte und erweiterte Auflage). (T. Dörfler, & J. Roos, Hrsg.) Hallbergmoos: Pearson Verlag.

Großes Wörterbuch Psychologie. (2005). München: Compact Verlag.

Lewandowsky, S., & Cook, J. (2020). *The Conspiracy Theory Handbook.*

Mühlfelder, M. (2017a). *Einführung in die Psychologie.* Riedlingen: SRH Fernhochschule.

Mühlfelder, M. (2017b). *Psychologie studieren an der SRH Fernhochschule - The mobile university.* Riedlingen: SRH Fernhochschule.

Myers, D. G. (2014). *Psychologie* (Bd. 3. Aufl.). Heidelberg: Springer.

Neis, M., & Mara, M. (2020). *Die psychologie des Postfaktischen. Über Fake News, "Lügenpresse", Clickbait und Co. Kapitel 17 - Social Bots.* (M. Appel, Hrsg.) Berlin: Springer. doi:https://doi.org/10.1007/978-3-662-58695-2

Offizielle Website der Europäischen Kommision. (2020). *So erkennt man Verschwörungstheorien*

Reuter, H. (2014). *Geschichte der Psychologie*. Göttingen: Hogrefe Verlag.

Reuthner, S. (2002). *Grundwissen Psychologie*. Berlin: Cornelsen Verlag.

Wagner-Egger, P. (2020). *Die Psychologie der Verschwörungstheorien*.

Weber, S., & Knorr, E. (2020). *Die Psychologie des Postfaktischen. Über Fake News, "Lügenpresse", Clickbait und Co. Kapitel 10 - Kognitive Verzerrung und die Irrationalität des Denkens*. (M. Appel, Hrsg.) Berlin: Springer. doi:https://doi.org/10.1007/978-3-662-58695-2

Internetquellenverzeichnis

Brunet, A., & Scherr, S. (2016). *Facebook-Nutzung in Abhängigkeit depressiver Tendenzen*. Abgerufen am 16.12.2020 von Nomos. Studies in Communication and Media: https://www.scm.nomos.de/archiv/2016/heft-1/beitrag-brunet/

Dohmen, I. (2020). *Fachinformation_Verschwörungsthorien.pdf*. von bildungsserver.berlin-brandenburg.de. Abgerufen am 16.12.2020 https://bildungsserver.berlin-brandenburg.de/fileadmin/bbb/schule/Arbeitsschutz_BB/Fachinformationen/Fachinformation_Verschwoerungstheorien.pdf

Offizielle Website der Europäischen Kommision (2020). *So erkennt man Verschwörungstheorien*. Abgerufen am 16.12.2020 https://ec.europa.eu/info/live-work-travel-eu/coronavirus-response/fighting-disinformation/identifying-conspiracy-theories_de

Lewandowsky, S., & Cook, J. (2020). *The Conspiracy Theory Handbook*. Abgerufen am 16.12.2020 https://www.climatechangecommunication.org/wp-content/uploads/2020/04/ConspiracyTheoryHandbook_German.pdf

Wagner-Egger, P. (2020). *Die Psychologie der Verschwörungstheorien*. Abgerufen am 16. 12.2020 von https://www.psychologie.ch/die-psychologie-der-verschwoerungstheorien